Pope Leo XIII, Fr Elz

Die Kirche und das neunzehnte Jahrhundert

Pope Leo XIII, Fr Elz

Die Kirche und das neunzehnte Jahrhundert

ISBN/EAN: 9783743605602

Hergestellt in Europa, USA, Kanada, Australien, Japan

Cover: Foto ©Lupo / pixelio.de

Weitere Bücher finden Sie auf **www.hansebooks.com**

Die Kirche
und
das neunzehnte Jahrhundert.

Hirtenwort

des

Cardinal-Bischofs von Perugia Joachim Pecci,

nunmehr

Papst Leo XIII.

Autorisirte Uebersetzung

von

Dr. Fr. Elz,
Kaplan zu St. Stephan in Mainz.

Mainz,
Verlag von Franz Kirchheim.
1878.

I.

Sehr süß ist für uns die Pflicht, jedes Jahr beim Heran=
nahen der heiligen Fastenzeit unser Wort an euch zu richten.
Es ist ja das Wort eines Vaters, der seine Kinder aufsucht
und bedacht, ihr Bestes auf jede Weise zu fördern, die Keime
jener Lehren in ihren Herzen niederzulegen strebt, welche, durch
den Thau der Gnade belebt, zu ihrer Zeit Früchte des Segens
und des Lebens bringen werden. Es ist das Wort eines Hirten,
der die von dem heiligen Geiste seiner Leitung anvertraute Heerde
auf heilbringende Weiden führt und sie, so viel an ihm ist, ferne
hält von den mit Giftpflanzen bedeckten Weideplätzen, auf welche
sie „der Feind" und seine Anhänger, bald durch versteckte List,
bald durch offene Gewalt bringen möchten. Und wenn uns diese
Pflicht zu jeder Zeit heilig war, um wie viel mehr ist sie es
nicht jetzt, wo man von allen Seiten Menschen aufstehen sieht,
die verderbliche Verwirrung unter die Geister zu bringen und
sich einen möglichst großen Anhang zu verschaffen suchen, damit
sie sich dann rühmen können, in der von ihnen eröffneten Schule
des Verderbens viele Schüler zu besitzen[1]).

Die Erfüllung dieser heiligen Pflicht ist uns aber, meine
Theuersten, noch nie so feierlich und zu gleicher Zeit so ange=
nehm erschienen, als dieses Jahr, wo wir unser Hirtenwort von
Rom aus an euch richten, wo sich der Thron des unfehlbaren
Lehrers und allgemeinen Vaters aller Gläubigen erhebt, von dem

---

1) Apostelg. XX, 30.

neuen Jerusalem aus, von wo das Wort des Herrn ausgeht, um in allen Welttheilen wiederzuhallen. Und wie sollten wir uns nicht gehoben fühlen, da wir jener Quelle so nahe sind, aus welcher die christlichen Lehren rein und unverfälscht geschöpft werden; da wir in jenem mystischen Thurme verweilen, von dessen Wänden die wohlgestählten Waffen herabhangen, um die Irrthümer damit zu treffen, und die Rüstzeuge der Helden, um die Kämpfe des Herrn siegreich zu kämpfen? Dieses betrachtend wächst uns indessen nicht nur der Muth, nein der Ort, wo wir uns befinden, gewährt uns auch, indem er uns die Vertheidigungswaffen bereits wohlvorbereitet bietet, die erforderliche Ruhe, um den Sturm der Irrthümer und der Leidenschaften, der gegenwärtig in der Welt tobt, genau zu beobachten, euch die von den Feinden drohenden Gefahren zu kennzeichnen, und euch gegen ihre mit trügerischer List unternommenen Angriffe sicher zu stellen. Und ach, welch schmerzliches Bild müssen wir da nicht vor euren Augen entrollen! Doch saget selbst: Würden wir nicht nur thöricht handeln, sondern zugleich einen Verrath an unserer Pflicht begehen, wollten wir, um uns nicht zu betrüben, die Irrthümer und die Kunstgriffe der Feinde Gottes, seiner Kirche und eures Heiles mit Stillschweigen übergehen? Nein, der damit verbundenen Betrübniß unerachtet, werden wir die sich uns bietende Gelegenheit ergreifen und den Unglauben bekämpfen, indem wir seine Trugschlüsse entlarven und euch die Mittel angeben, durch die gegenwärtigen Stürme und Gefahren frei und unverletzt hindurchzugehen.

II.

Sobald die große Irrlehre des sechszehnten Jahrhunderts ihren Einzug in die Welt gehalten, sahen Alle, welche mit forschendem Auge in die Ereignisse einzudringen und die nothwendig daraus erwachsenden Folgen zu erkennen wußten, klar vor-

aus, wohin das der Vernunft der einzelnen Menschen einge=
räumte Recht, die heilige Schrift nach eigenem Gutdünken zu er=
klären und sich nach eigenem Geschmack ein Glaubensbekenntniß
zurechtzulegen, führen würde. Denn, da man im Namen der
Vernunft gegen das, von so vielen Jahrhunderten anerkannte,
von so vielen Geschlechtern festgehaltene, von so vielen und so
herrlichen Erfolgen bestätigte Lehramt der katholischen Kirche
protestirte, was konnte da noch für ein Hinderniß im Wege
stehen, daß nicht eines schönen Tages irgend Jemand, der lo=
gischer dachte, sich erhöbe, um im Namen der nämlichen Ver=
nunft auch zu protestiren gegen die heilige Schrift, welche Geheim=
nisse enthält, die den Verstand durch ihr Dunkel bemüthigen,
und Pflichten auferlegt, deren Erfüllung den menschlichen Leiden=
schaften lästig fällt; zu protestiren gegen Gott selbst, der für sich
Rechte in Anspruch nimmt, und gegen Jesus Christus, seinen
Sohn, der diese Rechte der Welt verkündet? Nachdem man ein=
mal die Vernunft der Willkür der Meereswogen überantwortet,
war es freilich eine vergebliche Arbeit, vor der kühnen Seglerin
die Säulen des Herkules aufzupflanzen, damit sie über dieselben
nicht hinausginge. Das Endresultat des Protestantismus war
ganz naturnothwendig die Empörung gegen jegliche übernatür=
liche Ordnung, und der wahre Begriff desselben war darum
in der Antwort enthalten, welche Peter Bayle dem Cardinal de
Polignac gab: „Ein wahrer Protestant ist Derjenige, welcher
gegen jede Religion protestirt."

Sehet da, Geliebteste, wie weit man kommen mußte! Rascher
hat sich der Protestantismus bis zu dieser, seiner letzten Phase
entwickelt bei den Völkern, welche von den Streichen dieser Irr=
lehre unmittelbarer getroffen wurden, langsamer bei uns, wo
dem verderblichen Gifte derselben auf verschiedene Weisen ein
Gegengift bereitet war, und dasselbe nicht in einem Zuge,
sondern nur tropfenweise genossen wurde. Gegenwärtig handelt

es sich deshalb nicht mehr um die eine oder andere Wahrheit, welche angegriffen wird, sondern das Fundament selbst, außer welchem kein anderes gelegt werden kann [1]), wird erschüttert; es handelt sich nicht mehr darum, den wahren Sinn des göttlichen Wortes aufzufinden, sondern vielmehr darum, zu wissen, ob Gott überhaupt gesprochen habe; nicht darum, auf welche Weise Gott verehrt und angebetet sein wolle, sondern vielmehr darum, ob es ein höchstes Wesen gebe, das der Gegenstand unserer Verehrung und Anbetung sein könne. Die Vernunft ergreift, wie der vom hl. Paulus beschriebene Mensch der Sünde [2]), die Waffen der Negation, erhebt sich über Alles, was Gott heißt und gibt, nachdem sie in den entheiligten Tempel eingezogen und den alten Gott daraus vertrieben, sich selbst für Gott aus. Oder saget uns, meine Theuersten, welchen Platz hat man noch in dieser Welt für den Schöpfer und Erlöser der Menschheit übrig gelassen? Ach, wenn er noch in den Herzen der an Zahl so sehr zusammengeschmolzenen wahren Gläubigen ein Asyl findet, wenn es noch Seelen gibt, welche auf sein Anklopfen hören, so hat er doch in der Gesellschaft als solcher keinen Platz mehr auf Erden. Er ist verstoßen im Namen der Wissenschaft von dem Eingreifen in die Ereignisse, im Namen einer stolzen Unabhängigkeit von dem Unterrichte, im Namen der Freiheit von der Moral. Ja, der Ruf der Juden: „Wir wollen nicht, daß dieser über uns herrsche" [3]), ist vielleicht noch nie so laut und ohne jegliche Scheu in der Welt erhoben worden.

Sehet, Geliebteste, deshalb sind wir auch gezwungen, statt über Gegenstände zu euch zu reden, die auf den Fortschritt im christlichen Leben sich beziehen, und uns wechselseitig durch unseren Glauben zu trösten [4]), die Sache Gottes selbst zu vertheidigen.

---

1) 1. Kor. III, 11. — 2) 2. Thess. II, 3. — 3) Luk. XIX, 14. —
4) Röm. I, 12.

Wir müssen euch zeigen, daß die Existenz Gottes keine veraltete Hypothese ist, und daß er weder mit der über das Weltall ausgegossenen Schönheit und Harmonie, noch mit der Welt selbst Eins und Dasselbe, sondern daß er vielmehr ein freies und persönliches Wesen ist, das von unendlicher Liebe gegen den Menschen erfüllt, ihn nicht nur erschaffen, sondern auch, nachdem er gefallen, erlöst, nachdem er enterbt war, in seine Rechte wiedereingesetzt, in seiner Unwissenheit mit übernatürlichem Lichte erleuchtet, in seiner Unbeständigkeit durch feste und bestimmte Gesetze geleitet und durch seine heilwirkenden Sakramente gestärkt hat.

III.

Sonderbar, meine Theuersten! Jener nämliche Gott, den man treuloser Weise aus der Welt zu schaffen sich bemüht, tritt seinen Verfolgern in der Welt selbst von allen Seiten entgegen, um ihnen zuzurufen: Sehet, eure thörichten Bemühungen werden stets erfolglos bleiben. Von dem kleinsten der Wesen, von dem Infusionsthierchen, welches das Auge kaum durch die schärfsten Instrumente zu unterscheiden vermag, bis hinauf zu dem größten Thiere des Urwaldes, ja bis zu dem Menschen, dem Könige der Schöpfung; von dem Grashalme, der vom Winde bewegt wird, oder von dem Blümchen, das nur wenige Stunden blüht und duftet, bis hinauf zu dem hellsten der Sterne, die am Himmel erglänzen, ist allen Dingen die Spur der Gottheit aufgedrückt, in allen prägt sich das Zeugniß seiner Macht, seiner Weisheit, seiner Güte ab. Mag deshalb die wider Gott sich auflehnende Wissenschaft nur immerhin thörichte Ausflüchte suchen, und auf die Theorien von der Ewigkeit der Materie und der Transformation der Arten, deren Unbegründetheit durch Vernunft und Wissenschaft nachgewiesen wird, sich stützen wollen, die so verschiedenen Wirkungen, welche wir in der Natur hervorgebracht sehen, zwingen uns, zu einer Alles bewirkenden, selbst aber nicht bewirkten Ursache hinaufzusteigen. Die zufälligen Wesen, welche in der Welt sind, setzen ein nothwendiges Wesen voraus, das für alle übrigen der Grund ihres Seins ist. Die feststehende und unumstößliche Ordnung, welche unter den so mannigfachen, so verschiedenartigen und so entgegengesetzten Elementen, aus denen die Welt besteht, unwandelbar herrscht, nöthigt die Vernunft, einen obersten, mit unendlicher Weisheit und Macht begabten Ordner anzuerkennen, dessen Geist diese Ordnung festsetzen konnte, und dem alles Erschaffene in unbedingter Abhängigkeit gehorcht. Mit einem Worte: die Welt verlangt in jedem Falle ein Wesen, das von sich selbst, das absolut, das nothwendig und unendlich ist, und dieses Wesen ist nur Gott. Eine Folgerung, zu deren Annahme wir durch die Strenge einer unerbittlichen Logik gezwungen werden, wenn wir nicht anders zu der vernünftig unmöglichen Leugnung der Existenz, ja selbst der bloßen Möglichkeit des zufälligen, relativen, wandelbaren und endlichen Seins fortschreiten wollen. Es sind das, meine Theuersten, die uralten Gottesbeweise, welche den Atheisten schon so oft entgegengehalten worden sind, und gegen welche diese, im Widerspruch mit ihrem Gewissen und dem ganzen Menschengeschlechte, vergeblich sich erhoben haben.

Wenn es aber einen solchen Gott gibt, und es unmöglich ist, seiner Begegnung irgendwo auszuweichen, was soll man da von der frevelhaften Anmaßung Jener sagen, welche ihn von sich fernzuhalten und das süße Band der Abhängigkeit von ihm zu beseitigen suchen, woraus jene Furcht und jene Hoffnung, jenes Vertrauen und jene Liebe erSprießen, die so viel Kummer mildern und zugleich so viel Unglück beschwören?

Das Heidenthum beschämt durch den Mund seiner hervorragendsten Philosophen diese modernen dünkelhaften Halbwisser. Es ist gewiß nicht überflüssige Mühe, einige schon von den christlichen Apologeten hervorgehobenen Aussprüche hier zu wiederholen. Jenes alte Buch, das dem Hermes Trismegistus zugeschrieben wird, nennt Gott: Die Krone und den Ursprung aller Dinge. Thales von Milet feiert Gott bei Laërtius: Als das erste Sein und als den Urheber des so kunstvollen und schönen Weltalls. Anaxagoras bewundert in Gott: Den Geist, der Alles ordnet und leitet. Und Sokrates sagt: Gott ist der Grund des Seins und des Wohlergehens der Geschöpfe. Welches vernichtende Verwerfungsurtheil spricht durch diese Worte der berühmteste aller griechischen Philosophen nicht über die maßlose Thorheit jenes Elenden aus, der lästernd sagte, man müsse Gott abschaffen, weil er der ärgste Feind der Menschheit sei!

Es ist indessen wohl zu bemerken, daß die von diesen Philosophen ausgesprochene innige Ueberzeugung gewissermaßen nur das Echo der Ueberzeugung des ganzen Menschengeschlechtes war. „Die Griechen und die Barbaren," schrieb Platon[1]), „werfen sich bei glücklichen und unglücklichen Ereignissen nieder, um die Gottheit anzubeten; und es gibt kein Volk, das die Vorsehung in Zweifel zöge." Und Cicero[2]) sagte: „Die Vorsehung regiert die Welt, die Geschicke der Menschen und alle Geschöpfe." Die griechischen und lateinischen Dichter[3]) singen in ihren Liedern und Gedichten von Gott, von den Strafgerichten, die er über die Menschen wegen ihrer Frevel verhängt, und von den Opfern, durch die er wieder versöhnt wird. Noch deutlicher aber sprach sich Plutarch[4]) aus, indem er sagte: „Wenn du die ganze Erde durchwanderst, so wirst du vielleicht Städte sehen ohne Mauern, ohne Gesetze, ohne Münzen, ohne Schrift; aber ein Volk ohne Gott, ohne Gebet, ohne religiöse Uebungen und Opfer hat noch Keiner gesehen." Deshalb konnte auch der bereits angeführte Cicero die Gottesleugner aller Zeiten auf folgende Weise heraus-

---

1) De legg. — 2) De divinat. I, 51. — 3) Vgl. u. A. Pindar, Aeschylus, Sophokles und Horaz. — 4) Cont. Colot. c. 31.

fordern: „Wenn die Vernunft mit mir übereinstimmt und mit ihr die Völker, die Nationen, die Griechen und Barbaren und unsre eignen Vorfahren; wenn endlich die größten Philosophen und Dichter und jene weisen Männer, welche die Staaten gegründet und die Städte erbaut, allezeit so geurtheilt haben: erwartet man da vielleicht auch noch, daß die Thiere reden, indem man die übereinstimmende Auctorität aller Menschen für unzureichend hält? Es rührt diese Ueberzeugung von einem Triebe der Natur her, sonst würde sie nicht unerschüttert alle Jahrhunderte und alle Geschlechter überdauern; denn eitle Fabeln verschwinden wieder nach Verlauf eines einzigen Tages." Die Atheisten sind nicht im Stande, uns auch nur das Beispiel eines einzigen Volkes anzuführen, welchem der Glaube an die Gottheit gemangelt hätte. Und selbst, wenn jene Beispiele einiger religionslosen wilden Horden, worauf die Atheisten sich berufen, begründet wären — was aber nicht der Fall ist — so bewiese das nur, daß dieselben so tief herabgesunken gewesen wären, wie jene entarteten Philosophen selbst, von welchen sie zur Rechtfertigung ihres Zweifelns an dem Dasein Gottes angeführt werden. Wohl können wir deshalb mit Porphyrius sagen: „Wegen so verwilderter und so unmenschlicher Völkerschaften dürfen billige Richter die menschliche Natur selbst nicht schmähen." Und noch Etwas. Nach dem Zeugnisse Tertullians[1]) schrieben die Heiden die Unglücksfälle, von denen sie heimgesucht wurden, den Christen zu, da man diese für Gottesleugner hielt, weil sie die vaterländischen Gottheiten nicht verehrten. Wie könnten wir, nachdem wir neunzehn Jahrhunderte im Lichte der Offenbarung verlebt haben, uns entschließen, den Glauben an unsern Gott abzuschwören, der allezeit als eine Forderung der gesunden Vernunft betrachtet und als das gemeinsame Erbgut der ganzen Menschheit

---

1) Apolog. c. 40.

festgehalten worden ist, jenen Glauben, ohne welchen die Ge=
sellschaft der entsetzlichsten Zerstörung anheimfallen würde?

IV.

Und zu welch elenden Waffen greift man nicht, um diesen
Glauben und diese allgemeine Ueberzeugung der Menschheit zu be=
kämpfen! Sollte man es für möglich halten, Geliebteste? Die Wis=
senschaft hat gewisse durch eine große Stetigkeit und Unwandelbar=
keit sich auszeichnende Naturgesetze gefunden, und man hat aus
der Stetigkeit und Unwandelbarkeit dieser Gesetze den Schluß
ziehen zu müssen geglaubt, auch die Hände Gottes seien durch
dieselben, wie mit Stricken, gebunden, so daß er nicht frei in den
Lauf der Ereignisse einzugreifen vermöchte. Warum demnach
die Völker veranlassen, vor den Altären Gottes und seiner Hei=
ligen zu beten, wenn Alles, was geschieht, die Frucht verschie=
dener, bestimmter und unvermeidlicher Bewegungen ist? Bös=
artige Krankheiten erfassen viele, auch selbst die stärksten Körper
und mähen die Leben, gleich Grashalmen, dahin. Dabei darf,
wenn man auf die Ungläubigen hört, nimmermehr an eine
Strafe wegen begangener Frevelthaten gedacht werden; son=
dern die Sache hat sich vielmehr auf folgende Weise zuge=
tragen. Die Winde haben auf ihren luftigen Flügeln von fern
her verderbenbringende Miasmen herbeigetragen, die mit den
Waffen der Wissenschaft, nicht aber mit Gebeten zu bekämpfen
sind. Die Erde verweigert dem Landmanne die Frucht seines
Schweißes, die Weinberge werden durch Erkranken der Rebstöcke
verwüstet, die Heerden von einer Seuche decimirt, die Flüsse
treten aus ihren Ufern und richten große Verheerungen an. Ist
es nothwendig, in dies Alles das Walten der Gottheit hereinzu=
ziehen? Nein, die Erklärung ist ja sehr leicht. Aus gewissen
physischen Ursachen ist kein Regen gefallen; Millionen kleiner,
unsichtbarer Thierchen, welche die Luft herbeigeweht, haben Tod

und Mißwachs gebracht; die unzureichend eingedämmten Flüsse sind aus ihren Betten herausgetreten, weil das Wasser, von den allzu gelichteten Wäldern nicht zurückgehalten, darin über das Maß gewachsen ist. Was hat Gott mit Alledem zu thun? Der Natur und ihren unwandelbaren Gesetzen, der Trägheit und der Unwissenheit der Menschen müsset ihr dies Alles zuschreiben. — Sehet, meine Theuersten, auf solch elende und listige Weise sucht man auf der Welt zum Verstummen zu bringen jenen wunderbaren Einklang des öffentlichen Gebetes, worin unsere Väter das Mittel gesucht und auch immer gefunden haben, die Strenge der göttlichen Strafgerichte entweder ganz von sich abzuwenden oder doch zu mildern.

Hierin wird aber wahrhaftig die gottlose Verwegenheit nur durch die Frivolität ihrer angeblichen Beweisgründe übertroffen. Derjenige, der die Erde gegründet und sie mit Wasser umgeben hat; Derjenige, der dem Meere seine Grenzen gesetzt und den Planeten ihre Bahnen vorgezeichnet hat, sollte nicht vermögen, die Gesetze, die er gegeben, seine Macht fühlen zu lassen und sie zu Dienern seines Willens zu machen? Wie? Der Mensch weiß, indem er seine Hand auf die von ihm entdeckten Naturkräfte legt, denselben die wunderbarsten Wirkungen zu entlocken; er weiß sie sich dienstbar zu machen, um in kürzester Frist die größten Entfernungen zu überwinden und sein Wort mit Blitzesschnelle von einem Ende der Erde bis zu dem andern zu senden, um den Blitz zu seinen Füßen niederfallen zu lassen, um Funken, Feuer, Erschütterungen und andere derartige Wirkungen hervorzurufen; und Gott sollte nicht im Stande sein, die Wolken zu sammeln, damit sie sich in wohlthätigen oder verheerenden Regen auflösen? Er, vor dem die Stürme, gleich Kriegsrossen, hereilen, sollte nicht den Winden gebieten können, dieselben auf ihren Flügeln dahinzutragen? Ihm, der die Dinge, die nicht waren, in das Dasein gerufen, sollte nicht gehorcht werden, wenn er den

Insectenschwärmen zuwinkt, sich als Vollstrecker seiner Strafgerichte über diesen oder jenen Länderstrich zu ergießen, auf eine ähnliche Weise, wie die Könige dieser Erde Tausende von Bewaffneten hinwerfen auf jene Länder, welche der Gegenstand ihres Zornes oder ihrer Wünsche geworden sind? Wirklich, es ist schmerzlich bei dem Lichte, das unser Jahrhundert verbreitet, noch gegen solche Thorheiten ankämpfen zu müssen!

O, meine Theuersten, machet doch, daß ihr nicht der Spielball und das Opfer dieser Lehrer der Gottlosigkeit werdet! In der That jetzt, wo die Vergehen und die Frevel sichtbar zunehmen, wo Gottes Strafgerichte immer gewaltiger sich offenbaren und von allen Seiten sich erheben, war es nicht die richtige Zeit, uns der Waffe des Gebetes zu berauben, das dem Herzen Gottes gleichsam Gewalt anthut, das seine Strafgerichte mäßigt und mildert.

V.

Wenn aber im Namen der stolzen Wissenschaft das göttliche Eingreifen aus der Welt verbannt wird, so ist man nicht weniger eifrig bemüht, Gott im Namen der Freiheit und der natürlichen Unabhängigkeit der Vernunft auch vollständig von dem einzelnen Menschen zu trennen und diesen der Willkür eines so trügerischen Lehrers, wie es sein schwacher Verstand, und eines so kurzsichtigen Rathgebers, wie es sein von Leidenschaften beherrschtes Herz ist, preiszugeben. Jene, welche die Fahne des Naturalismus aufgerichtet haben, hatten keineswegs ein leichtes Spiel, die Geister zu täuschen und den Glauben an die christliche Offenbarung zu zerstören. Denn das Christenthum umgibt die Thatsache der Offenbarung mit einer solchen Fülle von Licht, daß Alle, welche es wagen, sie zu leugnen, dadurch zur Verzweiflung getrieben werden können.

Nein; die göttliche Offenbarung annehmen ist kein Zeichen

eines krankhaften, ersonnenen Fabeln nacheilenden Geistes, sondern
ein durchaus vernünftiger Gehorsam, welcher von den die ge=
offenbarten Wahrheiten bezeugenden Gründen der Glaubwürdig=
keit streng gefordert wird. Niemand hat die gegen die Feinde
unseres heiligen Glaubens gerichteten, auch den sprödesten Ver=
stand überzeugenden Beweise kürzer und einschlagender dargelegt,
als der hl. Thomas von Aquin[1]). Sehet da in Palästina, so
führt derselbe aus, einen Mann auftreten, der sich für den
Sohn Gottes ausgibt und sagt, die Wahrheiten, die er lehre,
habe er in dem Schoße des Vaters, der ihn gezeugt, vernom=
men; höret seine Jünger mit lauter Stimme verkündigen, die
von ihnen gepredigte Lehre hätten sie nicht auf eine menschliche
Weise erlernt, dieselbe sei vielmehr von dem Himmel gekommen.
Bekräftigt aber wird die Predigt Jesu und der Apostel durch so
wunderbare Thaten, wie sie durch die bloßen Kräfte der Natur
nicht hervorgebracht werden können. Denn auf das einfache Ge=
heiß ihrer Stimme, auf die einfache Berührung ihrer Hände
weichen die heftigsten Krankheiten, stehen die Todten wieder
auf, und entfliehen die hartnäckigsten Dämonen. Da dieses aber
Handlungen sind, welche nur die Hand des Allmächtigen, der
weder selbst dem Irrthum unterworfen ist, noch auch Andere in
Irrthum führen kann, zu wirken vermag, so ist es ohne Zwei=
fel nothwendig, die Lehre als göttlich anzuerkennen, welche auf
eine so augenscheinliche Weise vom Himmel bestätigt wurde.

Welchen Einwand will man gegen eine so unantastbare Be=
weisführung erheben? Will man vielleicht die Wunder leugnen?
Aber dann ist es nothwendig auch den sichersten Nachrichten der
Geschichte und den authentischsten Zeugnissen den Glauben zu
versagen. Denn, gibt es überhaupt Thatsachen, welche wegen der
Menge und wegen des Gewichtes der für sie sprechenden Beweise

---

1) Contra gent. 1. c. 6.

unzweifelhaft feststehen, so sind es jedenfalls die von Jesus Christus und von den Aposteln zur Bestätigung der Wahrheit gewirkten Wunder.

Doch man räume den Ungläubigen nur dreist auf einen Augenblick ein, keines der erzählten Wunder sei wirklich geschehen. Der hl. Thomas weiß sie noch auf einem anderen Wege zur Annahme der göttlichen Offenbarung zu zwingen. Denn es ist eine auch durch die Werke von profanen Schriftstellern beglaubigte Thatsache, so sagt er, daß schon gleich in dem ersten Jahrhundert der christlichen Zeitrechnung ein großer Theil der damals bekannten Welt sich zum Christenthum bekehrt hat und seit jener Zeit bis herab auf uns stets christlich geblieben ist. Nimmt man an, diese Thatsache sei eingetreten ohne vorausgehende Wunder, so ist sie unter allen Wundern, welche zu Gunsten der Offenbarung gewirkt worden sind, selbst das großartigste. Und in der That Jene, welche ausziehen, sich die Welt zu unterwerfen, sind nur wenige, den niedrigsten Ständen entnommene Männer, die der Hülfe menschlicher Wissenschaft und Macht entbehren; es sind Männer, welche den Augen der Menschen gering und verächtlich erscheinen, und gegen die sich die ganze Gewalt und List der Welt verschwört. Sie fordern den Glauben an unendlich tiefe, dem menschlichen Verstande ganz und gar unfaßbare Geheimnisse; sie predigen frei und offen eine Moral, welche weit davon entfernt, den Leidenschaften zu schmeicheln, denselben vielmehr direct entgegengesetzt ist, und die als Fundament für das christliche Leben fordert, daß man sich selbst verleugne und täglich sein Kreuz trage. Sie versprechen Nichts von Allem, wodurch die Menschen gewonnen zu werden pflegen: sie versprechen keine Reichthümer, keine Ehren oder sonstigen Vortheile des Lebens; sondern preisen im Gegentheil glücklich die Armen und Diejenigen, welche weinen und Verfolgung leiden um der Gerechtigkeit willen. Und wenn sie ihren Anhängern Hoffnung auf einen überaus erhabenen Lohn einflößen, so soll ihnen derselbe keineswegs schon in dem gegenwärtigen, sondern erst in dem auf ihr Scheiden aus dieser Welt folgenden Leben zu Theil werden. Wahrhaftig, wenn sich auf die einfache Aufforderung von solchen Männern hin nicht nur einige Unwissende, sondern sehr viele in der Welt durch Adel, durch Macht und durch Gelehrsamkeit sich Auszeichnende und zuletzt sogar unzählige Solcher sich bereit finden, so tiefe Geheimnisse zu glauben, so schwierige Gebote zu beobachten und so erhabene Güter zu hoffen: wer wird dann hierin nicht das großartigste aller Wunder erkennen? Ihr sehet also, wie die Lehre Jesu Christi, unter was immer für einem Gesichtspunkte man sie auch betrachten mag, durch das ihr aufgedrückte Siegel des Wunders als göttlich sich erweist.

Wie ist es möglich der Kraft dieser Beweisführung auszuweichen, ohne sich in offenbare Widersprüche zu verwickeln? Da die Feinde der Offenbarung die Thatsachen nicht leugnen konnten und somit auf dem Gebiete der Geschichte besiegt waren, appellirten sie an die Principien der Philosophie. Die Vernunft, so sagten sie, ist das Licht, das die Bestimmung hat, die Sterblichen während ihrer Pilgerfahrt zu leiten. Wenn sich die Vernunft, so lange sie gleichsam an sich selbst zweifelte, der Leitung der Auctorität hingegeben hat, so muß sie jetzt, wo sie zum Bewußtsein ihrer Kraft und ihrer Bedeutung gelangt ist, will sie nicht anders auf die ihr zukommende geistige Größe verzichten und an ihrer Würde Schaden leiden, sich auf eigne Füße stellen. „Es sind jetzt bereits achtzehn Jahrhunderte", so schrieb einer der bekanntesten Vertreter dieser verderblichen Schule[1], „seitdem die Welt von der, bezüglich der schwierigsten Probleme, eine ganz bestimmte Lösung aufdrängenden Offenbarung regiert wird. So darf es jedoch unmöglich weiter gehen; es muß vielmehr

---

[1] Theod. Jouffroy, Mélanges.

für alle diese Probleme vermittelst der Wissenschaft eine Erklärung aufgefunden werden, welche vor den strengen und durchdringenden Blicken der Vernunft Stand halten kann; denn in die Hände dieser hat die Civilisation das seither von der Auctorität geführte Scepter niedergelegt." Die Gegner der Offenbarung und der übernatürlichen Ordnung erwartet indessen auch auf dem Gebiete der Vernunft kein glücklicheres Loos, als es auf dem der Geschichte gewesen ist.

Und in der That, was ist denn eigentlich diese auf den Thron erhobene, als Schiedsrichterin und Königin proclamirte Vernunft? Merket wohl auf, Geliebteste. In einer jeglichen Ordnung von Erkenntnissen muß die oberste Richtschnur und Norm durchaus sicher und unfehlbar sein; denn sonst könnte es in dieser Ordnung, da ja Alles von der obersten Richtschnur und Norm abhängt, überhaupt nichts Sicheres und Bestimmtes geben. Wenn nun aber jeder erschaffene Verstand eben deshalb, weil er erschaffen, auch beschränkt und unvollkommen ist, um wie Viel mehr muß da nicht der menschliche Verstand unvollkommen und fehlbar sein, da die menschliche Seele unter allen vernünftigen Wesen den untersten Rang einnimmt und mit der Materie verbunden ist? Die menschliche Vernunft ist nichts Anderes, als die Fähigkeit zu erkennen, die ursprünglich betrachtet keineswegs die ihr jetzt zukommende Vollkommenheit besitzt und einiger ihrer edelsten Acte gar nicht fähig ist, wenn ihr nicht von anderer Seite die Hand gereicht wird; sie ist ein Keim, der sich aber nicht mit der ganzen Kraft, deren er theilhaftig werden kann, entwickelt, wenn ihm die wohlthuende Wärme eines ihm befreundeten und ihn erziehenden Wortes fehlt.

Damit aber der Werth der menschlichen Vernunft noch besser gewürdigt werden könne, ist es nothwendig, zwischen zwei Ordnungen von Wahrheiten zu unterscheiden. Es gibt nämlich Wahrheiten, die so erhaben sind, daß jeder erschaffene Verstand vergeblich sich bemühen würde, sich zu solcher Höhe zu erschwingen. Es sind das Wahrheiten, welche sich auf das erste und höchste Sein, auf Gott beziehen. Da nämlich dieses Sein über jeden erschaffenen Verstand unendlich erhaben ist, so bleiben nothwendig auch viele, dasselbe betreffende Wahrheiten dem menschlichen Geiste unerreichbar. Sodann gibt es aber auch andere Wahrheiten, welche der menschliche Verstand vermittelst seiner natürlichen Kraft auffinden und erfassen kann, und dies nicht nur dann, wenn sich dieselben auf die uns umgebenden sinnlichen Dinge beziehen, sondern auch dann, wenn sie geistige Wesen, ja Gott selbst zum Gegenstande haben. Was die erste Ordnung von Wahrheiten anlangt, so ist es klar, daß dieselben die menschliche Vernunft nicht durch sich selbst, sondern nur durch göttliche Offenbarung zu erkennen im Stande ist. Was die zweite Ordnung betrifft, so ist es, wie rasch und erhaben man sich den Flug der Vernunft in dem Erkennen der leichteren und der den Sinnen näher liegenden Wahrheiten auch immer denken mag, doch gewiß, daß sie in der Aneignung der höheren und den Sinnen nicht so nahe liegenden, sei es wegen der natürlichen Beschaffenheit der Dinge, sei es als verderbliche Folge der Erbschuld, auf sehr viele und große Schwierigkeiten stößt. Auf diese Erfahrung, wie auf ein Fundament, sich stützend beweist der Engel der Schule bis zur Evidenz die moralische Nothwendigkeit, daß auch diese der natürlichen Ordnung angehörenden Wahrheiten dem Menschen durch göttliche Offenbarung kundgemacht werden. Denn ohne die Offenbarung, so sagt er[1]), würden dieselben nur von Wenigen, erst nach langer Zeit und mit vielen Irrthümern untermischt erkannt werden. Von Wenigen; denn bei Weitem die größte Mehrheit der Menschen wird von dem Betreiben ernsterer Studien entweder durch natürliche Unfähigkeit, oder durch freiwillige Nach-

___
[1]) Summ. theol. I. qu. I. art. 1.

lässigkeit, oder durch die Nothwendigkeit, sich durch andauernde Arbeit den Lebensunterhalt zu erringen, abgehalten. Erst nach langer Zeit; weil es sich um tiefer liegende Wahrheiten handelt, deren Studium viele andere Kenntnisse voraussetzt und ein bereits gereifteres Alter erheischt. Mit vielen Irrthümern untermischt; da die Unwissenheit des Verstandes und die verkehrte Neigung des Willens nicht gestatten, daß aus den aufgestellten Principien mit aller Strenge die darin verborgen liegenden Schlußfolgerungen gezogen werden. Wie kann man also die menschliche Vernunft als die oberste Norm der Wahrheit aufstellen?

Indessen ist es nicht weniger falsch, zu behaupten, die Vernunft werde durch die Unterwerfung unter die göttliche Offenbarung der ihr angeborenen Größe und Würde entkleidet. Denn, da sich die menschliche Vernunft hinsichtlich der Wahrheit in der soeben von uns geschilderten Lage befindet, so ist es von Seiten Gottes ein Act der Barmherzigkeit gegen den Menschen, wenn er ihm die erhabenen Ideen bezüglich seines letzten Zieles und der Mittel es zu erreichen und bezüglich der ihn mit seinem Schöpfer verbindenden Beziehungen offenbart. Und wenn er dann noch weiter geht und dem Menschen noch erhabenere, ja ganz und gar unbegreifliche Wahrheiten enthüllt, wenn er einen so überaus reichen Schatz von himmlischen Lehren allen Geschlechtern und allen Jahrhunderten als Leitstern gibt, wenn er dem heiligen Buche das Siegel seiner eigenen Unfehlbarkeit aufdrückt, und diese auch dem von ihm bestimmten Ausleger desselben ertheilt, wenn er außerdem noch mit seiner Alles stärkenden, Alles belebenden und Alles vollbringenden Gnade uns beisteht: wie kann man da von einem Widerspruche zwischen Glauben und Vernunft reden, wie kann da die Würde der Vernunft einer Gefahr ausgesetzt sein? Im Gegentheil, die Würde derselben wird gemehrt, je höher ihr Lehrer über jeden Verdacht des Irrthums erhaben ist, und je erhabener die Wahrheiten sind, welche in seiner Schule erlernt werden. Und damit erhebt sich unsere bisherige einfache Darlegung zu einer strengen Beweisführung. Denn in der That besteht ja die höchste Vollkommenheit eines jeden Wesens, dem ein bestimmtes Ziel gesteckt ist, gerade in der Erreichung und in dem dauernden Besitze dieses Zieles. Das dem menschlichen Verstande gesteckte Ziel ist die Wahrheit, nach welcher er einen natürlichen Drang in sich trägt, und in welcher er, sobald er sie erreicht hat, seine Ruhe findet. Deshalb ist Derjenige, der dem Verstande Wahrheiten enthüllt und ihn davon überzeugt, so weit davon entfernt, ihn zu erniedrigen, daß er ihn im Gegentheil um so mehr erhöht und vervollkommnet, je erhabener die Wahrheiten sind, und je fester und unfehlbarer das Motiv ist, wodurch der Verstand zur Annahme derselben bewogen wird. Nun ist aber Dasjenige, was uns der göttliche Glaube lehrt, nur lautere und reine Wahrheit; denn nur lautere und reine Wahrheit kann aus Gott, der Quelle aller Wahrheit, entfließen. Wie ließe sich also behaupten, die Vernunft werde durch die Unterwerfung unter den Glauben ihres natürlichen Adels entkleidet?

Erwäget ferner, Geliebteste, daß eine unwiderstehliche Nothwendigkeit alles Dasjenige zum Hinwelken, und zum Falle verurtheilt, was man Gesetzen unterwerfen will, die seiner Natur widerstreben. Wenn deshalb die Offenbarung die Vernunft unterdrückte, und der von der Offenbarung geforderte Glaube sich nicht als ein Bruder, sondern als ein Feind der Vernunft erwiese, so würde man doch zu erwarten haben, daß die Vernunft, diese so edle Fähigkeit des Geistes, einem tödtlichen Siechthum anheimfiele und keines lebendigen Aufschwunges mehr fähig wäre. Und doch findet gerade das Gegentheil Statt. Werfet nur einen Blick auf eine die Oberfläche unseres Planeten darstellende geographische Karte und unterscheidet durch ein Zeichen die Orte, wo sich das Kreuz erhebt, wo das Evangelium und die Moral Jesu Christi gepredigt wird, von jenen, wo sich die Menschen nach den Normen der Vernunft, oder besser gesagt, nach Offenbarungen richten, von denen sie zwar glauben, sie seien vom Himmel gekommen, die in der That aber ihren Ursprung dieser Erde verdanken, und saget dann dreist: Dort ist Cultur, dort ist Fortschritt, dort ist Alles, was man unter dem Namen der wahren Civilisation begreift; hier dagegen ist Aberglauben, Stumpfsinn, Erniedrigung und Barbarei. Jener Widerstreit, in dessen Namen die Vernunft den Glauben an Gott, der sich auf eine übernatürliche Weise offenbart, bekämpfen müßte, ist demnach, da der Glaube die Vernunft nicht erniedrigt, sondern sogar erhöht und mit Herrlichkeit krönt, gar nicht vorhanden.

Und wenn ihr euch, Geliebteste, noch besser davon überzeugen wollet, wie Unrecht die Feinde Gottes haben, daß sie den Glauben also schmähen, so suchet euch mit noch etwas mehr Ruhe gerade in diesen Beweis zu vertiefen; denn er ist entscheidend. Ja, forschet in der Geschichte, welches die Jahrhunderte gewesen sind, die in Wissenschaft und Kunst, das reinste und das hellste Licht ausgestrahlt haben, und ihr werdet finden, daß die glaubensinnigen und gegen das Lehramt der Kirche gehorsamen Jahrhunderte immer jene weit übertreffen, welche entweder vom Glauben ganz abgefallen sind, oder denselben wenigstens nicht so warm und lebendig erhielten, daß er tiefe Wurzeln hätte schlagen können. Man liebt es zwar, die Zeiten des Mittelalters zu schmähen, weil sie, trotz mancher Mängel und Fehler, so tief gläubig waren. Aber welches der uns näher liegenden Jahrhunderte, auch die beiden letzten, alle anderen an Unglauben übertreffenden, nicht ausgenommen, könnte einen Vergleich mit jenen bestehen? Waren der hl. Anselm, der hl. Thomas von Aquin, der hl. Bonaventura, Dante Alighieri, Roger Baco nicht Denker, welche auf dem Gebiete der Philo=

sophie ganz gewaltige Spuren zurückgelassen haben, und bis jetzt noch immer vergeblich auf Nachfolger harren, die mit ihnen verglichen werden könnten? Die Schönheit der Wissenschaft erschien nie so rein und göttlich, als bei unsern Schriftstellern jener Epoche. Die unter den schützenden Flügeln der Religion herangewachsene Kunst hob den menschlichen Geist von der Erde zum Himmel empor durch die Basiliken eines Arnolfo, eines Brunellesco, durch die Gemälde eines Angelico, eines Bartolomeo della Porta, und eines Rafael Sanzio; die Religion entflammte zu den muthigsten Unternehmungen; sie führte unsere Flotten und unsere Krieger in den Orient und befreite die Staaten Europas von den Einfällen der Barbaren. Mit einem Worte, die Religion häufte Schätze von Weisheit und von ritterlicher Tapferkeit an, welche wir — sagen wir es zu unsrer Beschämung — nicht nur nicht zu vergrößern, sondern nicht einmal zu bewahren wußten, weil wir uns durch die Sophistereien von Menschen täuschen ließen, die sich erhoben haben, um das so glückselige Band zu lösen, wodurch der Glaube mit der Vernunft verbunden war. Lasset die Philosophen, die Schriftsteller und Künstler, welche von dem Gifte des modernen Unglaubens berührt wurden, an eurem Geiste vorüberziehen, und ihr werdet sehen, daß sie entweder aller Vorzüge entbehren, oder daß die wenigen, die sie besitzen, mit großen Mängeln und Fehlern vermischt sind. „Es sind Flüsse voll trüben und schmutzigen Wassers," sagte Joseph de Maistre[1]) von Voltaire und Rousseau, „die einige Edelsteine mit sich dahintragen"; sie haben dieselben, wie der Verfasser des Werkes: „Der Geist des Christenthums[2])" nachgewiesen, aber nicht aus der Quelle des Unglaubens geschöpft, sondern als Ueberreste von dem Ruin ihres Glaubens zurückbehalten.

---

1) Examen de la phil. de Bacon, tom. II. c. 3. — 2) Fr. de Chateaubriand. Genie du Christianisme, Poetique du Christianisme, 2. par. I, 2.

Wenn uns die Feinde des christlichen Glaubens ihre durch die Wissenschaft errungenen Siege über die Materie und ihre großen Entdeckungen, welche wir nicht im Geringsten verkennen oder geringschätzen, entgegenhalten, so können wir mit Recht darauf antworten, daß sich in ihnen die königliche Würde der menschlichen Vernunft noch nicht offenbart; daß es vielmehr ein trauriges Zeichen des Rückganges ist, sich ausschließlich dem Studium der Materie und der Erforschung jener Gesetze zu widmen, welche die physische Welt regieren; daß endlich dem freundschaftlichen Zusammengehen der geoffenbarten Wahrheit und der wissenschaftlichen Fortschritte gar Nichts im Wege steht. Ein Cusanus, ein Copernikus, ein Galilei, ein Newton, ein Volta, ein Kepler waren gläubige Christen; und glaubenstreue Katholiken sind auch heute noch sehr viele Vertreter aller Wissenschaften, deren Namen in der ganzen Welt einen guten Klang haben. Weit entfernt also, das kostbarste Geschenk Gottes, den Glauben, zurückzuweisen, müßte man vielmehr freudig demselben entgegeneilen und ihn wie einen Lehrer aufnehmen, der seine Schüler zu hohen Zielen hinaufführt. Was für einen Vortheil könnten wir denn auch daraus erwarten, daß wir dem Lehramte des Sohnes Gottes den Rücken kehrten, und nun falschen und ohnmächtigen Lehrern folgen müßten, welche unter sich uneinig sind und die thörichtesten und unglaublichsten Dinge vor der Welt als Wahrheit ausgeben? Es ist bald gesagt, daß die nur ihrem natürlichen Lichte überlassene Philosophie die schwierigen Fragen über den Ursprung, das Endziel des Menschen und seine Aufgabe hier auf Erden durch strenge Beweise lösen müsse; aber, wenn man bei den ungläubigen Philosophen genau zusieht, wo sind dann die versprochenen strengen Beweise für ihre Theorien? Wo findet sich eine Uebereinstimmung aller Gelehrten in dem Streben zum gemeinsamen Mittelpunkte der mit Gewißheit erkannten und mit Redlichkeit ausgesprochenen Wahrheit? Der römische Proconsul Lucius Gellius versuchte eines Tages, die Rolle eines Vermittlers und Friedensstifters zwischen den Philosophen Athens zu übernehmen, um sie zu einer Verständigung über einige gemeinsame Lehrpunkte zu bringen, aber sein einziger Erfolg war gänzliches Fehlschlagen des von ihm gemachten Versuches und Spott obendrein. Um Nichts besser würde es auch heut zu Tage Demjenigen ergehen, welcher ein gleiches Unternehmen mit den verschiedenen und unter sich unglaublich gespaltenen Anhängern der modernen Glaubenslosigkeit wagte.

Inzwischen aber geht die Welt und Zeit unaufhaltsam ihren Gang; wo sollen die rasch einander folgenden Geschlechter der Menschen unterdessen das Licht schöpfen, um ihre Schritte zu leiten, und das Verlangen und gebieterische Bedürfniß ihrer Seele nach Erkenntniß der den Zweck ihres irdischen Daseins und, was noch viel ernster und sorgenvoller ist, ihr Endziel in der Ewigkeit betreffenden Wahrheiten zu befriedigen. Selbst die Anführer jener Scharen, welche gegen Gott Sturm laufen, um ihn aus eurem Geiste, den er sich zu seinem Tempel eingeweiht hat, zu vertreiben, müssen nothgedrungen die Unzulänglichkeit ihrer Anstrengungen und ihres dem Menschen gebotenen Ersatzes bekennen. Denn mit dem bloßen Leugnen und Zerstören ist es nicht gethan. Der menschliche Geist lebt nicht vom Nichts und für das Nichts. Zerstört man den Tempel der Offenbarung, so muß man als Ersatz ein anderes reines Vernunftgebäude an seine Stelle setzen. Dazu aber ist jene Uebereinstimmung des Denkens und Handelns, jene unwiderstehliche Macht der Auctorität und Sanction unerläßlich nothwendig, welche für das Gesetzbuch des Glaubens von so durchschlagender Bedeutung ist. Waren aber die Meinungen der Trugphilosophen nicht immerfort im Zwiespalt? Suchen sie sich nicht gegenseitig in heftiger Eifersucht zu vernichten, da sie nicht einmal über einen einzigen der elementarsten Punkte positiver Lehre unter einander einig sind. Und tritt dieser Zwiespalt nicht gerade gegenwärtig über die Maßen schroff und anstößig hervor, wo sie doch mehr als je nach Einheit streben und eifrige Förderer der Nationalität sind? Schon Tertullian schrieb: „Unsere Gebäude untergraben sie" — und darin sind sie sich immer gleich geblieben — „um darauf die ihrigen zu erbauen." Da aber ihr Bau titanenhafter ist, als der babylonische Thurm, so wird er auch stets mit größerer Verwirrung und schnellerem Verfalle gestraft. Gesteht ja doch Einer[1]) von ihnen ganz offen, daß die Vorschriften der Philosophie weder zum Trost noch zur Befriedigung der großen Masse der Menschen hinreichen, sondern höchstens einer kleinen und beschränkten Zahl von Personen genügen, das heißt Denjenigen, welche ihren Trost und ihre Befriedigung im Stolze, im Ruhme und in den Vergnügungen suchen. Ein Anderer[2]), nicht minder als jener angesehen, setzt hinzu: „Wo die Religion aufgehört hat, da wendet sich die Philosophie, welche auf Das beschränkt bleibt, was sie mit der natürlichen Vernunft nothdürftig zu Stande bringt, in ihrer höheren wissenschaftlichen Gestalt an eine so verschwindend kleine Zahl von Personen, daß sie Gefahr läuft, ohne Einfluß auf Leben und Handeln zu bleiben" — was offenbar nichts anderes heißt, als daß sie ohne allen praktischen Werth ist.

Da war doch fürwahr ein viel verständigerer und viel wohlmeinderer Rathgeber, als alle Diese, der heilige Bischof von Hippo[3]), indem er äußerte: „Wir müssen am Glauben festhalten, ohne zuvor alle zahllosen Fragen lösen zu wollen, denn sonst setzen wir uns der Gefahr aus, das Leben zu endigen, bevor wir zum Glauben gelangt sind." Ein solches Leben ist aber nicht bloß ohne Glauben, sondern voll der quälenden Trost-

---

1) Jules Simon. — 2) Victor Cousin. — 3) S. August. ep. ad Deogratias, c. XXXVIII. Sunt enim innumerabiles (sc. quaestiones), quae non sunt finiendae ante fidem, ne finiatur vita sine fide.

losigkeit eines kalten Skepticismus, zu dem man vergebens seine Zuflucht nimmt, um die Vorwürfe des Gewissens zum Schweigen zu bringen und die Gott- und Glaubenslosigkeit zu rechtfertigen. Es ist freilich der Mißbrauch eingerissen, die Wahrheit mit der reichen Ausstattung ihrer unwiderleglichen Beweisgründe, und den Irrthum mit dem ganzen verworrenen Wust seiner Sophismen, wie zwei gleich berechtigte Parteien neben einander zu stellen. Da aber diese Sophismen, obwohl sie hundert und hundert Mal wie Staub zerrieben worden sind, doch immer wieder bis zum Ekel vorgebracht werden, so stellt man die Ansicht auf, es könne überhaupt keine Frage endgültig gelöst werden, oder es müsse eben jeder Einzelne sie lösen, wie es ihm am Meisten zusage. Zwischen diesen beiden Auswegen könne Jeder nach seinem Belieben wählen, da ja der ewige Streit für und wider niemals zu einem definitiven Resultat gelangt sei und auch nie gelangen werde. Das sind aber fürwahr ganz elende Thorheiten, nichtswürdige Ausflüchte und eine abscheuliche Verhöhnung der göttlichen Vorsehung. Da schiene es ja, als ob Gott, der uns für sich erschaffen hat und unendlich liebt, uns gerade bezüglich Desjenigen, was unser ganzes Wesen und unsere Bestimmung in Zeit und Ewigkeit ausmacht, einem unüberwindlichen Irrthume und Zweifel preisgegeben habe. Da schiene es, als ob er die Vernichtung aller höheren Wahrheit billige und der Zerstörung seiner Offenbarung gleichgültig zusehe und den Himmel auch seinen Feinden öffne, damit sich dort in das jubelnde Hosannarufen auch das entsetzliche Heulen der Verdammten mische. Da schiene es endlich, als ob der Beweis der katholischen Dogmen nicht vollkommen feststände, und Gott, der durch das übereinstimmende Zeugniß der Vernunft und der Offenbarung zu uns redet, nicht die Einsicht oder Macht besessen habe, seine Aussprüche auch in solcher Gestalt allzeit für die Menschen zu erhalten und zu beglaubigen, daß diese klar und bestimmt zu erkennen vermögen, was sie ohne Furcht und Zweifel für wahr halten müssen. Warum sollten wir also, Geliebteste, den Ausgang von tausend Mal begonnenen und tausend Mal fehlgeschlagenen Untersuchungen abwarten, wo wir im Besitze des Glaubens sind, welcher nicht nur das Erbtheil unserer Väter war, sondern auch die Ursache aller jener Wohlthaten ist, welche das Glück und den Ruhm der Menschheit ausmachen! Unsere irdische Wanderschaft vollenden, ohne mit Sicherheit zu wissen, wer uns auf diese Erde gesetzt, zu welchem Zwecke wir hier sind, wohin wir gehen, wäre dies allein nicht schon das größte Unglück? Uns, wie der hl. Augustinus sich ausdrückt, der Gefahr hingeben, das Leben zu endigen, ohne zum Glauben gelangt zu sein, und vor den Richterstuhl Gottes mit dem Schuldbewußtsein hintreten, das Herz seiner Stimme verschlossen, seine, von Millionen Menschen auch den weisesten und heiligsten unter ihnen beobachteten Gebote verachtet zu haben und so den gerechten und schrecklichen Strafgerichten sich auszusetzen, wäre das nicht das Uebermaß von Unverstand und Wahnsinn?

O, Geliebteste, lasset diese Stolzen, welche immer lernen und doch niemals zur Erkenntniß der Wahrheit gelangen [1]), ihre Kräfte vergeuden in dem thörichten Kampfe, den sie gegen Gott unternommen haben. Setzet, ihr, diesen unsinnigen Bestrebungen eine innigere Anhänglichkeit an den katholischen Glauben entgegen, bewahret ihn sorgfältig und lasset ihn, nach dem Beispiele eurer Väter, in einem heiligen christlichen Leben hell leuchten und in Werken des Geistes und Thaten des Lebens sich offenbaren.

VI.

Noch ist ein letzter Ort da, wo Gott ein Asyl sucht, das Gewissen, aber auch aus diesem bestrebt sich der moderne Unglauben ihn zu vertreiben. Die Weisheit des Alterthums hielt überein-

---

1) 2. Tim. III, 7.

stimmend fest, daß für das sittliche Leben des Menschen keine sicherere Regel und kein mächtigerer Antrieb gegeben werden könne, als der Gedanke an die Gegenwart der Gottheit; deshalb verkündete sie die Gesetze als vom Himmel gekommene Orakelsprüche und liebte es, den Urtheilen, Verträgen und staatlichen Unternehmen das Siegel der Religion aufzudrücken. Heutigen Tages hat sich der Sinn hierin geändert; man meidet jedes Zusammentreffen mit Gott, man will ihn zwingen, aus dem Heiligthum des Gewissens zu weichen und dieses sich selbst überlassen, ohne einen anderen Zeugen, als das eigene Bewußtsein, ohne einen anderen Richter, als die unpersönliche, abstracte Auctorität, welche man die Pflicht nennt. Das ist der verderblichste Irrthum, der je der Hölle entstiegen, dessen Unwahrheit man zwar ohne Schwierigkeit zeigen, von dem man aber die Anhänger nur äußerst schwer abbringen kann, da er zwei menschlichen Leidenschaften so sehr entspricht und schmeichelt, dem Stolze, der kein Band der Abhängigkeit will, und dem Widerwillen gegen Alles, was uns zurückhält und unsere Fehltritte rügt. Um übrigens von dieser Gottesscheu, für die man gegenwärtig so sehr schwärmt, noch Etwas zu sagen, so wäre es doch besser gethan, offen die Lehre auszusprechen, daß es auf der Welt keine Moral gebe, nach welcher man sich unwandelbar zu richten habe, und keinen Zügel, welcher alle Menschen zurückhalten könne, als ein Idol der Moral aufzustellen, das nur als Spielzeug und Maske für alle schlechten Triebe des Menschen dient. Von Tugend, von wohlgeordneten Beziehungen unter den Menschen, von Pflicht reden, nachdem man allen diesen Begriffen ihr Fundament entzogen hat, das heißt, man mag es einsehen oder nicht, zum Sacrileg die Heuchelei hinzufügen. Der innere Grund und Halt der sittlichen Weltordnung besteht nicht in einem System von abstracten Theorien, oder in einem todten Buchstaben, welcher der Willkür des unbeständigen Menschen überlassen bleibt. Sie ist ein wesenhaftes und lebendiges Princip, ja der Urgrund und die Ursache jeder Wesenheit und alles Lebens, Gott selbst. In seiner allmächtigen Vorsehung ruht das gegenwärtige und zukünftige Loos aller einzelnen Menschen und aller Völker, und seinem unausweichlichen Gerichte kann keine Schuld, nicht einmal die des Gedankens sich entziehen. Gott ist die Quelle jeglicher Auctorität und Souverainetät, geistlicher und weltlicher, wie der Völkerapostel es aussprach: „Alle Gewalt kommt von Gott"[1]).

Und in der That, man beseitige nur den Glauben an Gott, der durch seinen kundgegebenen Willen dem Gewissen eine Norm der Sittlichkeit bietet, welche unwandelbar ist, wie er selbst, und welche von ihm durch die Verheißung ewigen Lohnes und durch die Androhung ewiger Strafe sanctionirt ist, und man wird sehen, daß das Bestreben des auf diese Weise frei gemachten und zum Bösen geneigten Menschen nicht dahin gehen wird, sich und seine Handlungen nach der Norm der Moral zu richten, sondern vielmehr dahin, sich eine Moral zu machen nach eigenem Bild und Gleichniß, oder, um die Sache gerade herauszusagen: nach dem Bild und Gleichniß seiner tyrannischen Leidenschaften. Die von Gott und seinem heiligen Gesetze unabhängig erklärte Moral wird für den leidenschaftlichen und von augenblicklichen Erregungen des Willens geleiteten Menschen die Alles in den Staub niedertretende Gewalt sein; für den Habsüchtigen wird es die Kunst sein, um jeden Preis reich zu werden; für den Ausschweifenden wird es das Vergnügen und für den Besitzenden das Interesse sein. O, und welche Früchte werden an dem Baume einer so gearteten Moral zur Reife gelangen! Aus der Schule dieser Moral werden jene Politiker hervorgehen, welche dem Staatsgotte zahlreiche Hekatomben ihrer Mitmenschen mit heiterem Angesichte zum Opfer bringen; Poli-

---

1) Röm. XIII, 1.

tiker, welche auf ehrgeizige Kriege sinnen, dieselben mit der Schlauheit eines Fuchses vorbereiten und ihren Nachbarstaaten geschickt aufbringen; Politiker, welche die Welt zwingen, jeden Augenblick feindliche Einfälle zu fürchten, und welche das Recht mit Füßen treten. Aus der Schule dieser Moral werden hervorgehen jene unlauteren Harpyen, welche den Tisch des Armen abdecken, das öffentliche Vermögen vergeuden, und die Privatpersonen durch Wucherzinsen und unerlaubten Vortheil zu Grunde richten. Aus der Schule dieser Moral werden hervorgehen jene sinnlichen und verderbten Menschen, welche kein anderes Paradies, als das des Fleisches vor Augen haben, welche in ihren Schriften der freien Liebe das Wort reden, welche das heilige Bild der Scham von der Erde verbannen, die Bande der Ehe lösen und die öffentlichen Sitten einer thierischen Verwilderung preisgeben. Als ganz und gar rechtmäßige Söhne dieser Moral sind sodann auch jene Menschen zu betrachten, welche unter uns aufstehen und uns täglich damit drohen, sie seien, wenn nöthig, dazu bereit, der Verwirklichung der von ihnen gehegten Pläne Tausende von rechtschaffenen Menschen zum Opfer zu bringen, welche Brandstiftung, Unzucht und Raub als Mittel betrachten, die Welt zu regeneriren und neu zu gestalten.

Sehet da, Geliebteste, was aus der Moral geworden ist, seitdem man sie von Gott und der Religion getrennt hat! Sie, die als eine Königin anerkannt war, hat sich in eine Dienerin verwandelt; sie, die eine Herrin war, ist zu einer allen Gelüsten des Menschen sich fügenden Sklavin geworden; sie war eine Quelle des Lebens, und jetzt ist sie ein, tödliche Auflösung in die Gesellschaft und in die Familie hineintragendes Gift. Unsere Gedanken verwirren sich, wenn wir uns auch nur darauf beschränken, die unmittelbarsten Folgen dieses verderblichen Systems näher ins Auge zu fassen; wenn System genannt werden kann, was eigentlich nichts Anderes ist, als thörichte Negation. Nach=

dem das Fundament vernichtet ist, auf das sich alle menschlichen Pflichten gründen, kann keine der zwischen den Menschen bestehenden Beziehungen noch als fest und sicher betrachtet werden, und kein Vertrauen mehr unter ihnen herrschen, das nicht durch argen Verdacht erschüttert würde. Wer kann dafür bürgen, daß Dasjenige, was von dem Einen als Recht und Pflicht betrachtet wird, auch von dem Andern so angesehen werde? „Wenn es," so sagte einer der verwegensten Schriftsteller[1]) dieser atheistischen Schule, „eine Moral gegeben hat, die für alle Jahrhunderte, für alle Stände und für alle Himmelsstriche gültig war, warum sollte es da nicht auch eine Moral geben können für jeden einzelnen Menschen, für jedes einzelne Ereigniß, für jedes einzelne Interesse, für jeden einzelnen Tag?" Wenn dem aber so ist, so kann die Freundeshand, welche du heute liebevoll drückest, schon morgen mit brudermörderischem Dolche bewaffnet dir Tod und Verderben drohen, so kann die Treue, welche sich die Brautleute schwören, schon bei der ersten Versuchung verletzt und ein gegebenes Versprechen gebrochen werden, sobald es vortheilhaft erscheint. Kein Friede kann zwischen den einzelnen Völkern mehr von Dauer sein, sondern dieselben werden sich gezwungen sehen, auch bei dem feierlichsten Abschlusse von Alleanzen und inmitten der Freuden königlicher Gastmähler irgend einen Hinterhalt zu fürchten. Und wird dieser Zustand des gegenseitig beunruhigenden Mißtrauens, das auf alle Verhältnisse sich erstreckt und die theuersten und unschuldigsten Freuden des Lebens trübt, nicht durch die tägliche Erfahrung bestätigt? Gibt es im öffentlichen oder im privaten Leben noch irgend ein Band der Pflicht, das geachtet, gibt es noch irgend ein Recht, das nicht von jedem Frevler frech mit Füßen getreten wird? Ach, wie betrübend und beweinenswerth sind nicht die Statistiken,

---

1) Edm. Taine, Revue des deux mondes. 15. Oct. 1862.

welche mit der Beredtsamkeit der Zahlen darthuen, daß die Ver=
brechen in einem Maße Ueberhand nehmen, daß es Einem fast
leid thun muß, ein Mensch zu sein. Ich weiß zwar, daß das
Böse immer auf Erden geherrscht hat; aber gegenwärtig ist das=
selbe im Uebermaße vorhanden, denn alle Zügel sind ja beseitigt;
gegenwärtig herrscht das Böse ohne Scheu, denn es fehlt die un=
wandelbare Norm, mit welcher man ehedem seine Handlungen
verglich, um ihre Bosheit zu bemessen.

Wohin kommen wir aber auf diese Weise, Geliebteste? Auf
diese Weise nähern wir uns einem Zustande der Verwilderung und
zugleich einer furchtbaren Tyrannei. Ist die Gesellschaft nicht dazu
bestimmt, an den Folgen ihrer eigenen Ausschreitungen zu Grunde
zu gehen, so wird es früher oder später zur Nothwendigkeit
werden, daß über die der Furcht Gottes entledigten und von der
Unterwerfung unter seine Gebote befreiten Menschen Jemand
gesetzt werde, der dieselben so regiert, wie sie es nach dem Maße
ihres moralischen Verfalles verdienen. Die Geschichte, die Lehr=
meisterin des Lebens, zeigt uns, daß verderbten und entsittlichten
Völkern stets die Zuchtruthe irgend eines grausamen und
herzlosen Tyrannen vorbehalten war. Jene, welche die freie,
aufrichtige und vernünftige Unterwerfung unter Gott, die un=
endliche Weisheit und Gerechtigkeit, verschmähten, mußten sich
immer dem Belieben und der Willkür von Menschen unter=
werfen, welche von dem Menschlichen nichts Anderes, als
die äußere Gestalt zu besitzen schienen. Und die Ungläubigen
wagen es noch, uns im Namen der Unabhängigkeit und der
Freiheit zur Annahme ihrer Lehren einzuladen! O die Grau=
samen und Gottlosen! Ach, Geliebteste, lasset euch doch nicht
zu eurem und zu Aller übergroßen Schaden zu verderblichen
Verkehrtheiten hinreißen; wollet doch nicht aus eurem Gewissen
Gott und sein heiliges Gesetz verbannen. Aus der von Jesus
Christus geoffenbarten und von der katholischen Kirche gelehrten

Moral ist die wahre Civilisation hervorgegangen; sie hat bewirkt, daß das Recht der Völker, wie das des Einzelnen geachtet wurde; sie hat jene reinen, heiligen, durch Liebe, Treue und wohlthätige Arbeitsamkeit sich auszeichnenden Menschen herangebildet, welche der gerechte Stolz unseres Geschlechtes sind; ohne sie gibt es Nichts, als jene Unordnung, welche wir vor Augen haben, und als das finstere Vorgefühl einer noch unglücklicheren und furchtbareren Zukunft.

VII.

Aber wie dieses so erhabene Ziel erreichen, wie jenen Glauben bewahren, den man mit so vielen Kunstgriffen euch zu entreißen sucht? Betrachtet das Vorgehen der Feinde Gottes und der Religion, und sie selbst werden euch, freilich ohne es zu wollen, das leichteste und zugleich sicherste Mittel an die Hand geben, ihren Nachstellungen zu entgehen.

Es ist eine Gesellschaft auf Erden, welche bereits neunzehn Jahrhunderte dauert: Die katholische Kirche. Obschon es neben ihr auch schismatische und häretische religiöse Gemeinschaften gibt, welche sich rühmen, die übernatürliche Ordnung zu bewahren, so scheint es doch, daß bezüglich dieser der moderne Unglauben das Wort des Dichters zu dem seinen gemacht habe:

„Wir schweigen über sie; schau hin, dann weiter"[1])!

Die Ehre, der Gegenstand des Widerspruches, des Angriffes und der Verfolgung zu sein, ist allein der katholischen und apostolischen Kirche von Rom vorbehalten. Die Hölle und alle Diejenigen, welche mit ihr im Bunde stehen, kennen von Alters her den Weg, der zu ihr führt. Und obgleich dieser Weg für sie kein Weg des Triumphes ist, so unterlassen sie es doch nicht, denselben immer wieder von Neuem zu betreten, um unter

---

1) Dante, Inf. III, 51.

Hintansetzung jeglichen anderen Gedankens, ihren Kampf mit neuen Kunstgriffen und neuen Ränken zu führen. Woher diese Verschiedenheit des Vorgehens gegen religiöse Gemeinschaften, die alle das Banner hochhalten, auf dem geschrieben steht: „Glaube und Offenbarung"? Oder sind das nicht überall verhaßte und bittere Worte, für Die, welche nur das eine Verlangen haben, das Kreuz zu stürzen, und nur den einen Plan verfolgen, inmitten der Welt den Samen der Gottvergessenheit auszustreuen? Sehet, Geliebteste, der Unglauben hat, wie ein berühmter moderner Philosoph[1]) sagt, gewissermaßen einen untrüglichen Instinct, der ihn belehrt, von welcher Seite er bedroht ist, und gegen welche er deshalb vorzugsweise seine Waffen zu richten hat. Hätte er es nur mit der Irrlehre und dem Schisma zu thun, so würde er den Sieg bereits in Händen haben, so schwach sind diese Feinde. Aber er weiß, daß eigentlich nur Rom für ihn verderblich ist; und deshalb macht er auch nur die römische Kirche zum Gegenstande seiner Verfolgungen und zur Zielscheibe seiner vergifteten Pfeile.

Und was diesen Punkt anlangt, urtheilt der Unglaube auch ganz richtig. Die katholische Kirche besitzt die volle geoffenbarte Wahrheit und hat dieselbe stets unverfälscht bewahrt. Sie ist die Quelle, aus welcher das Leben geschöpft wird, und durch welche es Alle wiedererlangen, die es verloren haben. Wunderbar! Die Kirche hat eine Geschichte, wie keine andere Einrichtung oder Gesellschaft. Jeglicher Art von Angriffen ausgesetzt, von jenen der blutigen Verfolgung angefangen, bis zu denen der Satire und des Spottes, ist sie aus allen Stürmen hervorgegangen, ohne auch nur das kleinste Theilchen der von ihr vertheidigten Fahne eingebüßt oder auch nur das Geringste von dem ihrer Obhut anvertrauten Glaubensschatze verloren zu haben.

---

1) De Maistre, de l'eglise Gallicane.

Auf die Gewaltmaßregeln der Cäsaren und anderer Machthaber hat sie durch das Martyrium geantwortet und hat endlich mit dem Blute und der Freiheit ihrer Priester und Kinder sich das Recht erkauft, ihren Glauben zu bewahren und zu bekennen. Der von ihr immer besiegten und doch immer wiedererstehenden Irrlehre hat sie das Wort Gottes, die Uebereinstimmung der Bischöfe und die Kraft der Beweisgründe entgegengesetzt. Der auf ihre Erfindungen stolzen Wissenschaft hat sie bewiesen, daß jeder Schritt auf der Bahn wissenschaftlicher Untersuchungen näher zu ihr hinführt, und daß, nach dem berühmten Ausspruche Baco's, das bloße Nippen an der Wissenschaft zur Anfeindung der Religion, ja selbst bis zum vollendeten Atheismus führt, das tiefergehende Studium aber stets mit der Anerkennung der Wahrheit und der Unfehlbarkeit der geoffenbarten Lehren endet. Und wenn sie den so verheerenden Waffen des Spottes nichts Anderes entgegenzusetzen vermochte, als ihre Geduld, so hat ihr die Zeit doch jene Gerechtigkeit widerfahren lassen, welche die von den Netzen der Spötter umgarnte Welt ihr verweigert hatte. Die Spottreden und die Satiren sind mit Jenen, von welchen sie herrührten, vorübergegangen; das dadurch verbreitete Gift blieb und brachte Früchte des Todes.

Mit dem Ende des vorigen Jahrhunderts haben wir die enttäuschten Völker die bis dahin im Schwange gehenden Spottreden vergessen und zu den Füßen der katholischen Kirche zurückkehren gesehen, um von ihr das Gegengift zu erhalten, das allein fähig war, das durch den Geist thörichter Negation in ihnen erstickte Leben von Neuem anzufachen. Es ist von jeher Brauch dieser guten Mutter gewesen, mit der belebenden Milch ihrer heiligen Lehren auch jene aufrührerischen Söhne zu erquicken, welche ihr vorher mit frevelhafter Hand nach dem Leben gestrebt haben. Ist durch die Schuld Dieser Alles verloren, so geht sie ihnen entgegen und holt aus dem Schatze der ihr anvertrauten

Lehren Dasjenige hervor, was Noth thut. Sie geht hinein in die Schulen, um die Kinder wieder in den Alles erneuernden Grundwahrheiten des christlichen Katechismus zu unterrichten; sie besteigt die Lehrstühle, um die Völker zu erleuchten und ihnen eine sich nicht nur durch Worte, sondern auch durch Thaten kundgebende Ehrfurcht gegen die in Vergessenheit gerathenen Tugenden einzuflößen; sie ergreift die Feder und schreibt jene so herrlichen Apologien, die uns über die sie veranlassenden Irrthümer fast trösten; so hell ist das Licht, das durch sie über die Wahrheiten des Glaubens ausgegossen wird.

Das thut die Kirche, Geliebteste; und deshalb können auch die Völker, wie groß auch immer ihre Verirrungen sein mögen, noch Rettung finden, falls sie auf diesen Leuchtthurm ihre Fahrzeuge hinrichten, wenn der Sturm sie zu verschlingen droht. O, diese von den Ungläubigen so verkannte Kirche ist das gebenedeite Samenkorn, welches uns Gott auf Erden hinterlassen hat, damit sich an dem sündigenden und frevelnden Menschengeschlechte nicht das nämliche Strafgericht erfülle, welches die Städte Sodoma und Gomorrha verzehrt hat! Was Wunder aber, wenn man in unsern Tagen, wo die übernatürliche Ordnung geleugnet wird, und Gott, sowie Jesus Christus, sein eingeborener Sohn, und dessen Evangelium durch sophistische Trugschlüsse aus der Welt geschafft werden soll, mit so großer Wuth auch gegen jenen Grundstein ankämpft, über welchem sich das majestätische Gebäude der Kirche erhebt? Im Gegentheil, es müßte uns im höchsten Grade Wunder nehmen, wenn man auf eine andere Weise vorginge und man, da nun einmal das christliche Leben um jeden Preis unterdrückt und vernichtet werden soll, nicht auch versuchte, die Ader zu zerschneiden, durch welche dieses Leben unablässig in die Menschen hinüberströmt. Diese unerbittliche Logik ist der Grund jenes heftigen Kampfes, den man gegenwärtig fast in allen Theilen der Welt gegen die Kirche führt, jenes Kampfes, worin mit allen bereits früher gegen sie versuchten Waffen, als Geldstrafen, Verbannung, Kerker und die Völker gegen sie aufreizende Verleumdungen, gekämpft wird. Die Anmaßung der weltlichen Gewalt geht so weit, daß sie für sich das Recht beansprucht, ihren Fuß hineinzusetzen in das Heiligthum und ihre verwegene Hand auf Dinge zu legen, welche nur die Kirche angehen, die eine vollkommene und von der weltlichen Gewalt unabhängige Gesellschaft ist, und deren Leitung der menschgewordene Sohn Gottes seinem Stellvertreter und den Bischöfen anvertraut hat, die von dem heiligen Geiste gesetzt wurden, die Kirche zu regieren[1]). Es ist das ein Kampf, Geliebteste, dessen tobende Wogen mit jedem Tage höher gehen, gleich den Wogen eines vom Sturm erregten Meeres. Wenn uns dieser Kampf auch betrübt, so darf es uns doch nicht muthlos machen und nicht niederdrücken. Denn hätte die katholische Kirche auch nicht die Verheißung für sich, von den Pforten der Hölle nie überwältigt zu werden, wollte man auch ihrer so langen und an ruhmvollen Thaten so reichen Vergangenheit vergessen, so würden die Ereignisse, die vor unsern Augen liegen, schon genügen, uns gleichsam mit Händen greifen zu lassen, daß der Kirche eine göttliche Kraft innewohnt, daß in ihrem mystischen Schifflein ein himmlischer Hauch weht, der dasselbe unfehlbar dem Hafen des Triumphes zuführen wird. Ja unter den von der Verfolgung geführten Schlägen scheint der Organismus dieses wunderbaren Leibes, der Kirche, von dem Christus das Haupt ist, beständig an Kraft und Festigkeit zu wachsen. Die über den weiten Erdkreis zerstreuten Bischöfe haben sich enger, als je, an den in der Geschichte unsterblichen Papst Pius IX. angeschlossen, und weder die erhabene Person des gemeinsamen Vaters aller Gläubigen ist je so verehrungs-

---

[1]) Apostelg. XX, 28.

würdig, noch sein Wort je so weise und gotterleuchtet erschienen, denn nachdem ihn die Welt als Verfolgten geschaut und seine liebenswürdig majestätische Stirne mit Falten durchfurcht gesehen, welche große aber heldenmüthig erduldete Leiden darauf gezogen.

Es hat zwar, um die volle Wahrheit zu sagen, an Aergerniß erregenden falschen Propheten nicht gefehlt; allein diese Propheten haben uns Nichts als Lügen und Thorheiten erzählt. Die Entscheidung des vaticanischen Concils, welche eine Lehre zum Glaubenssatz erhob, die immer das Erbgut der heiligen Väter und der hervorragendsten theologischen Schulen war, nämlich die Unfehlbarkeit des römischen Papstes in Sachen des Glaubens und der Sitten, hat im Uebrigen keineswegs große und furchtbare Scharen gegen die Kirche erweckt; sondern nur wenige Unglückselige, in deren Herzen der Stolz bereits seit längerer Zeit die Keime des Abfalls zur Reife gebracht, haben der Welt das klägliche Schauspiel eines lächerlichen Schismas geboten und jenes Mitleid gefunden, das man jedem Gefallenen schuldig ist. Die Kirche selbst wurde dadurch nicht weiter geschädigt und auch keiner Gefahr ausgesetzt. Wenige seit ihrem Entstehen, verringert sich die Zahl dieser Abtrünnigen unablässig. Weder die interessirte Protection der Mächtigen, noch deren Gold, noch auch die weitgehenden Zugeständnisse, welche man allen Lüsten und allen Leidenschaften machte, haben diesen Leichnam zu galvanisiren vermocht, den man „Altkatholicismus" zu nennen beliebte. Die Kirche aber, befreit von Jenen, welche in ihr waren, ohne von ihrem Geiste beseelt zu sein, ist gerüstet, neue Kämpfe zu kämpfen und die ihrer Obhut übergebene Hinterlage der Wahrheit getreu zu bewahren, bis die, durch die Irrthümer ihrer Feinde beschleunigte Zeit herannahet, wo diese, unfähig die in allen ihren Theilen und Einrichtungen wankende Gesellschaft zu stützen, sich gezwungen sehen, zu ihr zu kommen, um von ihr das Wort zu vernehmen, durch welches allein wieder Ordnung und Harmonie in das wüste Chaos gebracht werden kann. Die Vorsehung läßt also nicht ohne unseren eigenen großen Vortheil dieses Toben der Feinde gegen die Braut Jesu Christi zu; denn eben dieses Toben der Gegner lehrt uns, wem wir die ganze Innigkeit und Kraft unserer kindlichen Liebe zu widmen haben.

VIII.

Und wie Vieles würden wir euch hier, hätte sich unser Schreiben nicht bereits zu weit ausgedehnt, über eure Beziehungen und Pflichten gegen die Kirche zu sagen haben? Aber wenn es uns auch nicht möglich ist, Alles zu sagen, so würden wir es uns doch nicht verzeihen können, wenn wir, durchdrungen, wie wir sind, von der Schönheit und Wichtigkeit des Gegenstandes, euch nicht wenigstens die eine oder die andere heilsame Ermahnung ertheilten. Vor Allem wollten wir, Geliebteste, daß ihr von jenem christlichen Muthe und jener heiligen Begeisterung beseelt wäret, welche sich nicht scheuen, den katholischen Glauben frei und offen zu bekennen. Es schmerzt uns nicht wenig, sehen zu müssen, daß, während unsere Feinde sich nicht schämen, öffentlich den von der Kirche verurtheilten Gesellschaften beizutreten und deren willkürliche und nichtswürdige Befehle zu vollführen, die Kinder der Kirche Bedenken tragen, sich frei und offen um sie zu scharen und unter ihrem Banner zu kämpfen. Wie viele zaghafte Katholiken seufzen vielleicht im Verborgenen über die Verfolgung der Kirche und das Umsichgreifen des Unglaubens, öffentlich aber erweisen sie sich nur als ganz furchtsame Freunde der Wahrheit, haschen vielleicht sogar danach, tolerant zu erscheinen, indem sie ordinären Spottreden gegen die Religion Beifall zollen, auf schlechte Blätter mit einem gewissen Ausdrucke des Wohlgefallens hinblicken und edle, ganz und gar berechtigte Bestrebungen als unklug tadeln.

Auch in eurer Mitte, meine Theuersten, fehlt es nicht an Tagesblättern, welche, voll des antireligiösen Geistes, die katholische Kirche oft ganz direct in ihren Dogmen, in ihrer Moral, in ihrer Verfassung, in ihren Sakramenten, in ihrem Priesterthum und in ihren Gebräuchen bekämpfen. Ja, der Same der Gottlosigkeit und Sittenverderbniß wird in diesen Blättern manchmal in solchem Maße und auf eine so schamlose und widerliche Weise ausgestreut, daß Jeder, der an seinem Glauben nicht vollständig Schiffbruch gelitten hat, darüber im höchsten Grade betrübt und besorgt werden muß. Trotzdem kommen diese Erzeugnisse der Presse in Aller Hände. Und wollte Gott, daß nicht auch sehr Viele von Jenen, welche noch katholisch sind und bleiben wollen, und welche ihre Religion auch wohl noch ausüben, dieselben tagtäglich lesen und ihnen freien Zutritt und friedliche Aufnahme in ihren Häusern gewähren möchten, wo sie dann sehr oft auch von unerfahrenen Jünglingen und bis dahin unschuldigen Jungfrauen gelesen werden, welche darin eine solche Menge des tödtlichsten Giftes finden, daß sie in kürzester Zeit an Geist und Herz nothwendig verderbt werden müssen.

Doch wozu mit Solchen uns länger aufhalten, Geliebteste? Das sind wahrhaftig nicht die Vertheidiger, deren unsere Zeit bedarf. Ein bloß negatives, feiges, sich nur auf das häusliche Leben beschränkendes, nach Außen hin aber unmögliche Versöhnungen zwischen Christus und der Welt versuchendes Christenthum, nicht das ist es, was unseren Tagen Noth thut, wo die Gegner auf den Kampfplatz hinabsteigen, um uns Alles zu rauben. Wenn wir sie noch durch die von uns bekundete Schwäche in ihrem gottlosen Unterfangen ermuthigen, so ist es freilich nicht zu verwundern, daß sie nicht bloß unsere Rechte als Katholiken, sondern auch die von ihnen selbst mit so großer Emphase proclamirten Principien der Freiheit und Unabhängigkeit uns gegenüber mit Füßen treten. Und hier handelt es sich, wie ihr leicht selbst einsehet, ja nicht um kecke Herausforderung der Feinde, sondern um jene ruhige, sich auch auf das bürgerliche Leben erstreckende Kundgebung der christlichen Gesinnung, welche dem Nächsten gegenüber ein heiliges Recht, Christus gegenüber eine wesentliche Pflicht ist, da dieser nur Jene vor seinem himmlischen Vater bekennen wird, welche ihn vor den Menschen bekannt haben.

Mit diesem freimüthigen Bekenntnisse müsset ihr aber auch die Beobachtung der Gebote Gottes und der Kirche verbinden. Es gibt eine sehr große Anzahl von Katholiken, die, weil sie die Spottreden der Gottlosen fürchten, sich von dem Empfange der heiligen Sakramente fernhalten, nur selten und gleichsam verstohlener Maßen den Gottesdienst besuchen, von der Predigt des göttlichen Wortes sagen, sie entspreche nicht der Höhe der fortgeschrittenen Civilisation und den Bedürfnissen unseres Zeitalters, und über das Fasten und die Enthaltung von Fleischspeisen schimpfen, die doch so sehr geeignet sind, unsere Sinnlichkeit abzutödten, uns den unsere niedrigen Leidenschaften beherrschenden Zügel in die Hand zu geben und jenen Geist der Abtödtung in uns zu erhalten, der gleichsam das Mark und die Wesenheit unserer heiligen Religion ist. Und dieser nach zwei Seiten hinkenden, ja bereits gefallenen Menschen sollte die Kirche sich noch freuen, von ihnen sollte sie Unterstützung in ihren Kämpfen erwarten dürfen? Nein, diese an guten Werken unfruchtbaren Bäume haben vielmehr zu fürchten, daß sie mit Zulassung Gottes jenem Erdreich völlig entrissen werden, aus dem sie nicht den nöthigen Saft zu ziehen wußten, um gute und wohlschmeckende Früchte zur Reife zu bringen. Doch außer dem Bekenntnisse des Glaubens und den dasselbe ausdrückenden Werken haben die Katholiken in den heutigen Kämpfen noch mehr zu thun. Der Klerus ist zwar nie, Geliebteste, an seiner Pflicht zum Verräther geworden und wird es auch in Zukunft nicht werden. Aus seinem Munde wird stets die reine Lehre hervorgehen; von seinen Werken wird, mit der Hülfe Gottes, stets der Wohlgeruch der Tugend ausströmen. Aber leider ist es nur allzu wahr, daß der Klerus nicht Alles thun kann, was er eigentlich thun sollte. An den katholischen, aus der Schule des Klerus hervorgegangenen Laien ist es deshalb, ihm zu Hilfe zu kommen und unter seiner Leitung sich der Arbeit für die Ehre Gottes und der Vertheidigung der Kirche zu widmen. Wie viele Lehren, die wegen der beweinenswerthen Vorurtheile, die man gegen den Klerus hat, auf seinen Lippen ohne Wirkung bleiben, machen den größten Eindruck, wenn sie von den Lippen eines Laien kommen! Wie viele Thüren, welche den Geistlichen verschlossen bleiben, thuen sich weit auf vor einem Laien, der, wenn er es nur wollte, durch dieselben das Kleinod des Glaubens in die Familien hineintragen könnte! Wie viele Gelegenheiten habet ihr, wegen eurer täglichen unerläßlichen Beziehungen, mit dem Nächsten zu verkehren, um ihm seine Vorurtheile zu benehmen und mit ihm über Christus und seine Kirche zu sprechen, welche sich den Priestern entweder gar nicht, oder doch nur sehr selten bieten! O, wie herrlich und fruchtbringend könnte sich dieses euer Apostolat inmitten der Welt gestalten!

Oder haben wir vielleicht kein Recht darauf, diese thatsächliche Mitwirkung von euch zu fordern? Nehmen wir Priester vielleicht allein Antheil an den geistlichen Gütern, deren Verwalterin die Kirche ist. Und wenn die Kirche zugleich mit den geoffenbarten Glaubenswahrheiten auch jene Principien bewahrt und versicht, auf welchen die Staaten, die Familien und das Eigenthum ruhen, ist es da nicht billig, daß ihr, die ihr so wesentlich an den Früchten ihres Lehramtes theilnehmet, es euch auch zur Pflicht machet, euch mit heiligem Freimuthe, gleich einer Schutzmauer, vor sie hinzustellen, wenn sie angegriffen, und sie zu vertheidigen, wenn sie verleumdet wird, selbst dann, wenn dieses für euch mit irgend einem Schaden oder mit irgend einem Opfer verbunden sein sollte? Denn hat Gott seiner Kirche auch den endlichen Sieg verheißen, so hat er damit doch keineswegs versprochen, euch, euren Familien und dem Vaterlande den Glauben und die Wohlthaten des Glaubens unter jeder Bedingung zu bewahren. Vielleicht wird die Erlangung dieser Gnade der Preis eurer Bemühungen und der Lohn der von euch für die Sache Gottes gebrachten Opfer sein.

Als thörichte Freunde dem heldenmüthigen Judas Machabäus riethen, dem Kampfe mit dem Feinde auszuweichen, da ertheilte er ihnen eine Antwort, von der zu wünschen wäre, sie möchte dem Geiste aller Gläubigen mit Flammenzügen eingeschrieben werden. „Ferne sei es," so sprach er, „dieses zu thun, daß wir fliehen vor den Feinden .., nicht wollen wir Schmach anthun unserer Ehre"[1]). Heilige Worte, die auch ihr auf euren Lippen tragen und, was noch mehr ist, durch glänzende Thaten bestätigen müsset!

Bemerket aber wohl, daß wir, euch ein eifriges und entschiedenes Handeln empfehlend, damit keineswegs sagen wollen, ihr solltet euer ganzes Vertrauen auf die bloß natürlichen Kräfte setzen. Ach, meine Theuersten, die Natur würde, wenn die Gnade sie nicht trüge und stützte, einer so schwierigen Aufgabe nicht gewachsen sein! Ihr müsset vielmehr das Beispiel eurer Väter nachahmen, welche in allen für die Kirche bedrängten Zeiten eifrig und anhaltend gebetet haben. Das Gebet, welch ein Trost ist es nicht in der Bedrängniß und zugleich welch sicheres Unterpfand für den glücklichen Ausgang schwieriger Unternehmungen! Das Gebet dringt durch die Himmel, steigt empor bis zum Throne

---

1) 1. Machab. IX, 10.

Gottes, rührt dessen Herz und thut ihm süße Gewalt an, damit er unsere Seufzer erhöre und unsere heiligen Wünsche erfülle. Durch das Gebet werdet ihr den kostbaren Schatz eures Glaubens unversehrt und rein bewahren; in dem Gebete werdet ihr die Kraft finden, den Verführungen zu widerstehen, und die Klugheit, den Fallstricken eurer Feinde zu entfliehen; durch das Gebet werdet ihr lernen, den Eifer für die Sache Gottes und die Liebe gegen die Irrenden in schöner Harmonie miteinander zu verbinden; ja, ihr werdet auch die Irrenden selbst gewinnen und sie zu den Füßen der Altäre hinführen, als Tropäen edler und friedlicher Eroberungen.

Vergesset nicht, daß wir dort oben im Himmel am Throne des Allerhöchsten eine liebevolle und überaus mächtige Mutter haben: die unbefleckte Jungfrau. Eure Frömmigkeit und Andacht zu derselben ist bereits sehr alt; aber in der gegenwärtigen Zeit muß dieselbe lebendiger und feuriger werden, als je, damit uns durch ihre Fürsprache rasche und wirksame Hülfe zu Theil werde. Rufet sie an, Geliebteste, damit sie der verfolgten Kirche beistehe; bittet sie, damit sie die Leiden mildere und mit den verdienten Freuden tröste das ehrwürdige Greisenalter des erhabenen Papstes Pius IX., der ihr die glänzendste Krone auf das Haupt gesetzt hat; bittet sie auch für uns, damit sie uns helfe, die Bürde des bischöflichen Amtes würdig zu tragen zur Ehre Gottes und zum Heile eurer Seelen, Geliebteste, die ihr unsere Krone und unsere Freude[1]) seid, und denen wir von ganzem Herzen unsern oberhirtlichen Segen spenden.

---

1) Philipp. IV, 1.

Rom, vor dem flaminischen Thore, den 12. Februar 1876.

Joachim, Cardinal-Bischof.